KÜRBIS

Das Beste vom Herbst

Autorin: Martina Kittler | Fotos: Anke Schütz

DIE GU-QUALITÄTS-GARANTIE

Wir möchten Ihnen mit den Informationen und Anregungen in diesem Buch das Leben erleichtern und Sie inspirieren, Neues auszuprobieren. Bei jedem unserer Bücher achten wir auf Aktualität und stellen höchste Ansprüche an Inhalt, Optik und Ausstattung. Alle Rezepte und Informationen werden von unseren Autoren gewissenhaft erstellt und von unseren Redakteuren sorgfältig ausgewählt und mehrfach geprüft. Deshalb bieten wir Ihnen eine 100 %ige Qualitätsgarantie.

Darauf können Sie sich verlassen:
Wir legen Wert darauf, dass unsere Kochbücher zuverlässig und inspirierend zugleich sind.
Wir garantieren:
• dreifach getestete Rezepte
• sicheres Gelingen durch Schritt-für-Schritt-Anleitungen und viele nützliche Tipps
• eine authentische Rezept-Fotografie

Wir möchten für Sie immer besser werden:
Sollten wir mit diesem Buch Ihre Erwartungen nicht erfüllen, lassen Sie es uns bitte wissen! Nehmen Sie einfach Kontakt zu unserem Leserservice auf. Sie erhalten von uns kostenlos einen Ratgeber zum gleichen oder ähnlichen Thema. Die Kontaktdaten unseres Leserservice finden Sie am Ende dieses Buches.

GRÄFE UND UNZER VERLAG
Der erste Ratgeberverlag – seit 1722.

INHALT

TIPPS UND EXTRAS

11 KLEINIGKEITEN FÜR GENIESSER

🌿 Das grüne Blatt bei den Rezepten heißt
fleischloser Genuss:
Mit diesem Symbol sind alle vegetarischen
Gerichte gekennzeichnet.

KÜRBIS IM TREND: FAST VERGESSEN, NEU ENTDECKT

Kürbisse sind Kult und haben in letzter Zeit neue Popularität gewonnen, von winzigen Zierkürbissen bis hin zu imposanten Mehrpfündern.

nießbar ist, sei dahingestellt, die kleineren Ausgaben sind für die Herbst- und Winterküche allerdings ein echter Glücksfall. Ob gebraten oder als leuchtend gelbe Suppe, im Risotto oder als Püree - das süße Fruchtfleisch ist immer ein Hingucker. Die besten Speisekürbisse heißen Butternuss, Hokkaido, Muscat de Provence, Bischofsmütze oder Hubbard, sind rund, lang, gefleckt, gestreift, gelb, orange oder grün, bringen mehr als 50 Kilo, zwei Kilo oder nicht mal ein Pfund auf die Waage.

RIESEN MIT LANGER TRADITION

Kürbisse gehören zu den ältesten Kulturpflanzen überhaupt, mehr als 800 Arten sind in der großen Familie der Riesenbeeren vertreten – botanisch gesehen zählt der Kürbis dazu.

Jahrelang fristete das uralte Gemüse ein Schattendasein in den heimischen Küchen. Viel mehr als den einfachen Gärtnerkürbis wie Gelber Zentner gab es nicht. Und der wurde höchstens als süßsauere Konserve oder Kompott serviert. Nicht gerade appetitanregend. Zum Glück haben sich die Zeiten geändert – auch wenn es fast zwei Jahrzehnte brauchte, bis sich der Kürbis aus dem kulinarischen Einerlei befreien konnte. Inzwischen ist der Pfundskerl in seiner Formen- und Farbenvielfalt allgegenwärtig und erlebt eine ungeahnte Renaissance. Wir essen heute doppelt so viel Kürbis wie vor sechs Jahren.

DAS IST JA EIN DICKES DING!

Satte 760 Kilo wog Deutschlands schwerster Kürbis, der dieses Jahr geerntet wurde. Da sehen die Exemplare, die in den herbstlichen Auslagen von Lebensmittelläden und Wochenmärkten glänzen, vergleichsweise klein aus. Ob der Riese noch ge-

VOM PFUNDSKERL ZUM SCHRECKGESPENST

Mit ein Grund ist die Halloween-Begeisterung, die auch hierzulande immer mehr Anhänger findet. Mit gruseligen Kürbisgesichtern beschützen die Amerikaner am Abend des 31. Oktobers ihre Häuser. Die orangefarbenen Kürbisköpfe sollen böse Geister verjagen – so der Aberglaube, der hinter dem alten Brauch steckt. Ohne eine kunstvoll geschnitzte Kürbisfratze im Fenster oder vor dem Haus kommt man heute auch bei uns (fast) nicht mehr aus. Hier verrate ich Ihnen, wie Sie einen Kürbis schnitzen können. Ob ein Riesenkürbis oder ein kleiner Hokkaidokürbis – schneiden Sie oben vom Kürbis einen Deckel ab. Schaben Sie anschließend die Kerne und das Innere mit einem großen Löffel so weit aus, dass nur noch eine 2 – 3 cm dicke Wand stehen bleibt. Malen Sie nun ein Gesicht auf den Kürbis und schneiden Sie es behutsam mit einem scharfen, spitzen Messer aus. Am besten eignet sich dazu ein Cutter oder Teppichmesser. Zum Schluss stellen Sie ein oder mehrere Teelichter hinein. Fertig ist die schaurig-schöne Fratze für Terrasse, Garten oder Hauseingang.

RUND UND GESUND

Die heimische Küche ist gesünder und vielfältiger geworden. Wer einmal Kürbis gratiniert, als Lasagne, Kürbis-Gnocchi oder Muffins gegessen hat, weiß, wie viel Genuss man aus der prallen, im Geschmack vielseitigen Frucht herausholen kann. Jede Sorte hat einen ganz eigenen Charakter. Während Muskatkürbis beim Kochen leicht zerfällt, gart Heart of Gold ähnlich lange wie Kartoffeln. Butternuss macht sich gut hauchfein in Scheiben gehobelt oder roh geraspelt zu delikaten Salaten. Hokkaido entfaltet sein Aroma am besten im Ofen. Manche Kürbisse haben eine harte Schale, bei anderen kann man die Schale mitessen. Außerdem sind alle Kürbisse reich an Kalium (reguliert den Säure-Basen-Haushalt), an Vitamin A (für die Sehkraft) und an verdauungsfördernden Stoffen. Und das Beste: Schlank machen soll der Kürbis auch noch. Zeitlich begrenzte Ernte, lange Lagerfähigkeit – das zeichnet den Winterkürbis aus. Von August bis in den November hinein gibt es frische Speisekürbisse in vielen verschiedenen Varianten, Farben und Größen überall auf Wochen- und in Supermärkten zu kaufen. Doch selbst wenn die Erntezeit vorbei ist, kann man Hokkaido-, Butternuss- und Muskatkürbis bis weit in den Winter hinein finden, da sie sich bei optimaler Lagerung monatelang an einem kühlen dunklen Ort halten. Also: nichts wie ran an den Dicken!

KLEINE KÜRBISKUNDE

So vielfältig wie ihr Geschmack ist auch ihr Aussehen: die neun besten Speisekürbisse schmecken nicht nur, sie sind auch optisch eine Augenweide.

1 GELBER ZENTNER

Ist mit bis zu 50 kg Gewicht der Gigant unter den Gemüseriesen. Unter seiner dicken gelben Schale steckt weiches Fleisch mit neutralem Geschmack, das sich für alle Zubereitungsarten eignet.

2 HOKKAIDOKÜRBIS

Für Einsteiger ist der japanische »Uchiki Kuri« die Nummer eins in der Kürbisvielfalt: Schnell und unkompliziert in der Vorbereitung, weil man die eher dünne Schale mitessen kann. Wegen seines dezenten Esskastanien-Aromas wird er auch Potimarron genannt. Er eignet sich prima für Suppen, zum Backen oder Füllen.

3 MUSKATKÜRBIS

Einer der beliebtesten Kürbisse, meist mit orangeroter, manchmal auch dunkelgrüner Schale. Er bringt bis zu 40 kg auf die Waage, wird daher meist in Stücken angeboten. Sein saftiges Fruchtfleisch mit leichter Muskatnote eignet sich für Pürees, Suppen, zum Braten. Am besten entfaltet er sein zart-würziges Aroma im Backofen gegart.

4 BUTTERNUSSKÜRBIS

Auch Butternut genannt, ist birnenförmig, handlich und ideal für den Kleinhaushalt. Weitere Vorzüge: wenig Kerne, dafür umso mehr Fruchtfleisch unter der gelblichen Schale. Zart und mit nussig-würzigem Butteraroma lässt es sich leicht bearbeiten und schmeckt auch roh super.

5 SPAGHETTIKÜRBIS

Der längliche, festschalige Kürbis verdankt seinen Namen einer Besonderheit: Beim Garen zerfällt das Fleisch zu spaghettiartigen Fasern – wie echte Nudeln mit Käse oder Tomatensauce servieren.

6 BISCHOFSMÜTZE

oder Türkenturban wird der mehrfarbige Vertreter wegen seines Aussehens genannt. Die aromatische Frucht wiegt 1 bis 2 kg und lässt sich nur schwer schneiden, eignet sich aber toll zum Füllen.

7 PATISSON

Ähnelt einer fliegenden Untertasse, wird daher auch Ufo genannt. Gibt es mit weißlicher, gelber oder grüner Schale, die bei ganz jungen Mini-Früchten mitgegessen werden kann. Sein festes Fleisch erinnert im Geschmack an Gurke oder Zucchini und wird wie diese verwendet.

8 HUBBARDKÜRBIS

Unter der warzigen Schale des Winterkürbisses verbirgt sich orangerotes, festes und kaum süßliches Fleisch, das sich in der Küche als wahres Multitalent entpuppt.

9 FEIGENBLATTKÜRBIS

In der Form erinnert er an eine Wassermelone und das süße Fleisch unter der harten Schale wird gerne für Süßigkeiten und Marmelade verwendet, unreif eignet es sich für Chutneys.

KÜRBIS PERFEKT VORBEREITEN

Der Kürbis macht es einem nicht leicht, an sein Fruchtfleisch heranzukommen.
Doch mit dem richtigen Know-how gelingt es mühelos, seine harte Schale zu »knacken«.

1 Kürbis mit dem Stielansatz nach oben auf eine schneid- und rutschfeste Arbeitsplatte legen. Mit einer Hand gut festhalten.

2 Dann mit einem großen, scharfen Messer oben in den Kürbis stechen und mit Druck nach unten durch die Frucht schneiden.

3 Größere Exemplare zuerst in Segmente schneiden, kleinere am besten halbieren. Den Stielansatz großzügig abschneiden.

4 Kerne und faseriges Inneres mit einem Löffel herausschaben. Den Kürbis zum Schälen auf die Unterlage setzen.

5 Die Schale in Streifen von oben nach unten abschneiden. Schmale Kürbisspalten mit einem Messer wie einen Apfel schälen.

6 Bei Sorten mit Rippen die Schale in Vertiefungen keilförmig herausschneiden. Rohes Kürbisfleisch würfeln oder raspeln.

KÜRBISPÜREE

1 Butternusskürbis (ca. 600 g) | Öl zum Bestreichen | Backpapier für das Blech

Für 300 g Püree | 10 Min. Zubereitung | 45 – 60 Min. Backen
Pro Portion ca. 110 kcal, 2 g EW, 7 g F, 9 g KH

1 Backofen auf 200° vorheizen. Butternusskürbis längs halbieren. Muskatkürbis in breite Spalten schneiden.

2 Kürbishälften mit einem Löffel entkernen und mit der Schnittfläche nach oben auf ein mit Backpapier ausgelegtes Blech setzen.

3 Die Hälften mit etwas Öl bestreichen und im heißen Ofen (Mitte) 45 – 60 Min. backen, bis das Kürbisfleisch weich ist.

TIPP

Kürbispüree ist die perfekte Basis für viele Genüsse – als Beilage zu Fleisch oder Fisch, in Suppe, Risotto, Aufstrich, für Desserts und Gebäck. Am besten gleich mehr kochen und bis zu sechs Monate einfrieren.

4 Kürbis aus dem Ofen nehmen und abkühlen lassen. Kürbisfleisch am besten mit einem Löffel von der Schale kratzen.

5 Das Kürbisfleisch in ein hohes Gefäß geben und mit dem Stabmixer fein pürieren. Je nach Rezept weiterverarbeiten.

KLEINIGKEITEN FÜR GENIESSER

Hauchdünn geschnitten, gewürfelt, geraspelt oder püriert – hier rollt er uns buchstäblich unters Messer, der Kürbis, und bringt Bewegung in die Genusswelt. Raffinierte Kleinigkeiten landen auf dem Teller: Kürbis in sahnig-cremiger Suppe, im frischen Salat oder als feiner Snack.

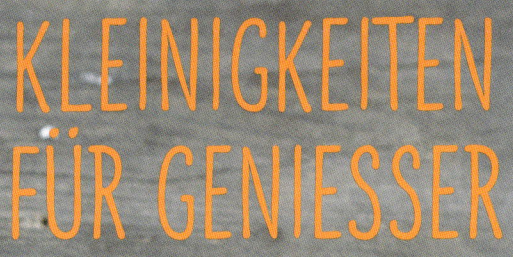

GEBACKENE HOKKAIDOWÜRFEL

Wenn es schnell gehen muss, schmecken mir kräftig gebackene Kürbisstücke –
mit Chili und Thymian abgeschmeckt und mit frischem Kräuterquark getoppt.

1 Hokkaidokürbis (ca. 1 kg)
½ Bund Thymian
1 rote Chilischote
5 EL Olivenöl
2 TL grobes Meersalz
250 g Speisequark (20 % Fett)
100 g Doppelrahm-Frischkäse
Salz | Pfeffer
abgeriebene Schale von
½ Bio-Zitrone
1 Bund Schnittlauch
½ Bund Petersilie
3 Zweige Estragon

Gelingt leicht 🍃

Für 4 Personen |
35 Min. Zubereitung
Pro Portion ca. 430 kcal,
13 g EW, 36 g F, 12 g KH

1 Backofen auf 200° vorheizen. Den Kürbis waschen, abtrocknen und halbieren, mit einem Löffel entkernen und in 2 cm große Würfel schneiden. Thymian waschen, trocken schütteln, die Blättchen abstreifen. Chilischote entkernen, waschen und fein hacken.

2 4 EL Olivenöl mit Chili, Thymian und Meersalz mischen. Die Kürbiswürfel in der Marinade wenden und auf einem mit Backpapier ausgelegten Blech verteilen. Im Ofen (Mitte) 20 Min. backen.

3 Inzwischen Quark und Frischkäse mit dem übrigen Olivenöl verrühren. Mit Salz, Pfeffer und Zitronenschale abschmecken. Die Kräuter waschen, trocken schütteln, Blätter abzupfen und hacken. Schnittlauch in feine Röllchen schneiden. Alle Kräuter unter den Quark mischen und mit den Kürbiswürfeln servieren.

VARIANTE KÜRBISSCHIFFCHEN MIT FETA UND SPINAT

1 Hokkaidokürbis (ca. 1 kg) in 3 cm breite Spalten schneiden und auf ein mit Backpapier belegtes Blech legen. Salzen und pfeffern. 1 – 2 rote Chilischoten entkernen und fein würfeln, 2 Knoblauchzehen schälen und fein hacken. Beides mit 4 EL Olivenöl und 2 EL Sesam verrühren. Die Kürbisspalten damit bestreichen. Im Ofen bei 200° (Mitte) 25 – 30 Min. backen, nach 15 Min. wenden. 200 g Blattspinat verlesen, waschen und trocken schleudern. Je 3 EL Zitronensaft und Wasser, 2 EL Honig, Salz, Pfeffer und 4 EL Olivenöl verrühren. Spinat darin wenden, auf Teller verteilen. Die Kürbisspalten und 150 g grob zerbröckelten Feta darauf anrichten.

KÜRBIS-KICHERERBSEN-SALAT

1 kleiner Hokkaidokürbis (ca. 500 g) | 1 Bund Frühlingszwiebeln | 7 EL Olivenöl | 3 EL Gemüsebrühe | Salz | Pfeffer | 1–2 TL scharfe Paprikaflocken (Pulbiber) | 1 Bund Rucola | 1 Dose Kichererbsen (240 g Abtropfgewicht) | 2 EL Weißweinessig | 1 EL Aceto balsamico bianco | 200 g Sahnejoghurt

Orientalisch

Für 4 Personen | 30 Min. Zubereitung
Pro Portion ca. 450 kcal, 15 g EW, 25 g F, 41 g KH

1 Den Kürbis waschen und vierteln. Kerne und Fasern mit einem Löffel sorgfältig herausschaben. Die Kürbisviertel mit einem scharfen Messer in 1–2 cm große Würfel schneiden. Die Frühlingszwiebeln putzen, waschen und die weißen und hellgrünen Teile schräg in 3 cm große Stücke schneiden.

2 In einer großen Pfanne 2 EL Öl erhitzen, die Kürbiswürfel darin bei mittlerer Hitze 3 Min. anbraten. Die Frühlingszwiebeln dazugeben und 1–2 Min. mitbraten. Mit der Brühe ablöschen, kurz aufkochen lassen. Mit Salz, Pfeffer und Paprikaflocken würzen. Die Pfanne vom Herd nehmen.

3 Den Rucola waschen, trocken schütteln und grobe Stiele entfernen. Die Kichererbsen abgießen, auf einem Sieb kalt abbrausen und abtropfen lassen. In einer Schüssel Weißwein- und Balsamessig, Salz und Pfeffer mit dem übrigen Olivenöl gründlich verrühren.

4 Kürbismischung, Kichererbsen und Rucola vorsichtig mit der Vinaigrette mischen. Mit Salz und Pfeffer abschmecken. Den Salat anrichten und mit je einem Klecks Joghurt garnieren. Fein mit Chiliflocken bestreuen. Dazu schmeckt Fladenbrot.

FRISÉE MIT KÜRBIS UND CAMEMBERT

½ Hokkaidokürbis (ca. 400 g) | 1 kleiner Kopf Frisée | 40 g Walnüsse | 3 EL Weißweinessig | Salz | Pfeffer | 2 EL Walnussöl | 4 EL Olivenöl | 1 Rosmarinzweig | 3 EL Aceto balsamico bianco | 1–2 EL Zucker | 200 g reifer Camembert

Raffiniert

Für 4 Personen | 30 Min. Zubereitung
Pro Portion ca. 555 kcal, 16 g EW, 50 g F, 8 g KH

1 Den Kürbis waschen, trocken reiben und vierteln. Kerne und Fasern mit einem Löffel herausschaben. Die Kürbisviertel mit einem scharfen Messer in dünne Spalten schneiden. Salat putzen, waschen, trocken schleudern und mundgerecht zerpflücken. Die Nüsse grob hacken und in einer beschichteten Pfanne ohne Fett rösten. Vom Herd nehmen und abkühlen lassen.

2 Für das Dressing den Essig, Salz, Pfeffer, Walnussöl und 2 EL Olivenöl verquirlen. Die Kürbisspalten bei mittlerer Hitze 2 Min. unter Wenden im übrigen Öl anbraten. Den Rosmarinzweig grob zerteilen, untermischen und kurz mitbraten. Mit dem Balsamessig und 3 EL Wasser ablöschen, mit dem Zucker bestreuen. Zugedeckt bei mittlerer Hitze 5 Min. dünsten. Mit Salz und Pfeffer abschmecken.

3 Den Camembert in 1 cm dicke Scheiben schneiden, mit Kürbisspalten und Salat auf Teller verteilen. Mit Dressing beträufeln. Die Nüsse aufstreuen.

TIPP

Mir schmecken die gebratenen Kürbisspalten auch auf einem Bauernbrot auf einem Bett aus Ziegenfrischkäse. Das i-Tüpfelchen: fein geschnittene Frühlingszwiebeln und Kresse.

KÜRBIS-CARPACCIO

400 g Butternusskürbis | Meersalz | 2 EL Kürbiskerne | 50 g Pecorino (ersatzweise Parmesan) | 2 rote Chilischoten | ½ Bund Schnittlauch | 2 EL Aceto balsamico bianco | Pfeffer | 4 EL Olivenöl und Olivenöl zum Bestreichen

Für Gäste

Für 4 Personen | 25 Min. Zubereitung
Pro Portion ca. 285 kcal, 4 g EW, 28 g F, 4 g KH

1 Den Kürbis schälen, entkernen, erst in 3 cm breite Spalten, dann quer in sehr dünne Scheiben schneiden. Das geht am besten mit einem Gemüsehobel mit verstellbarem Klingeneinsatz. Die Kürbisscheiben mit Salz bestreuen und zugedeckt 10 Min. ziehen lassen.

2 Inzwischen die Kürbiskerne in einer Pfanne ohne Fett rösten, bis sie knistern.

3 Den Käse mit einem kleinen Messer oder mit einem Sparschäler in feine Späne schneiden. Die Chilischoten längs aufschlitzen, Kerne und Stielansätze entfernen. Die Schoten waschen und in feine Würfel schneiden. Den Schnittlauch waschen, trocken schütteln und in feine Röllchen schneiden.

4 Die Kürbisscheiben trocken tupfen. Vier große Teller mit Olivenöl einstreichen, die Kürbisscheiben leicht überlappend darauf anrichten. Das Carpaccio mit dem Balsamessig beträufeln. Chiliwürfel und Kürbiskerne darüberstreuen, mit Salz und frisch gemahlenem Pfeffer würzen und mit dem Olivenöl beträufeln. Den Käse und den Schnittlauch darüberstreuen. Dazu schmeckt Baguette.

SPAGHETTIKÜRBIS-BRUSCHETTA

½ Spaghettikürbis (ca. 700 g) | 5 EL Olivenöl |
8 Scheiben Ciabatta | 2 Knoblauchzehen |
50 g Frühstücksspeck (Bacon) | 2 TL frisch ge-
hackter Thymian | 2 EL Aceto balsamico | Salz |
Pfeffer | 30 g Parmesanspäne

Gut vorzubereiten

Für 4 Personen | 30 Min. Zubereitung |
40 Min. Backen
Pro Portion ca. 420 kcal, 9 g EW, 31 g F, 25 g KH

1 Den Backofen auf 190° vorheizen. Vom Kürbis
die Kerne entfernen, mit der Schnittfläche nach
oben auf ein Blech legen und mit 2 EL Olivenöl
bestreichen. Im Ofen (Mitte) 40 – 45 Min. backen.

2 Den Kürbis aus dem Ofen nehmen, mit einer
Gabel durch das Kürbisfleisch fahren, sodass
spaghettiähnliche Streifen entstehen.

3 Das Weißbrot auf ein Backblech legen. Die
Knoblauchzehen schälen, fein hacken, mit 2 EL Oli-
venöl mischen und auf den Brotscheiben verteilen.
Unter dem Grill (oben) 5 Min. rösten.

4 Den Bacon fein würfeln, im übrigen Öl 1 – 2 Min.
anbraten. Kürbisstreifen dazugeben, 2 – 3 Min.
rührbraten. Mit Thymian, Balsamico, Salz und Pfeffer würzen. Die Kürbismasse auf den gerösteten
Broten verteilen und zum Servieren mit dem Parmesan bestreuen.

TIPP

Für eine Extra-Portion Vitalstoffe brate ich
zusammen mit dem Bacon 1 EL grob gehackte
Kürbiskerne in heißem Öl an.

KÜRBISCREMESUPPE MIT INGWER

Wenig Aufwand, viel Vergnügen: Ingwer und Kürbiskernöl sorgen für Frische und Aroma, Kürbiskerne für den Biss. Platz eins in meiner Suppenküche!

800 g Garten- oder
Muskatkürbis
3 Schalotten
1 Stück Ingwer (etwa 2 cm)
2 EL Olivenöl
1 TL Zucker
800 ml Gemüsefond (Glas)
oder kräftige Gemüsebrühe
2 EL Kürbiskerne
80 g Sahne
Salz | Pfeffer
Kürbiskernöl zum Beträufeln

Wärmt von innen 🌿

Für 4 Personen |
40 Min. Zubereitung
Pro Portion ca. 240 kcal,
3 g EW, 20 g F, 11 g KH

1 Den Kürbis in breite Spalten schneiden, die Kerne mit einem Löffel entfernen, die Spalten schälen und in 2 cm große Würfel schneiden. Schalotten schälen und fein hacken. Ingwer schälen und in kleine Würfel schneiden.

2 Das Öl in einem breiten Topf erhitzen. Schalotten und Ingwer darin 1 – 2 Min. dünsten. Den Kürbis hinzufügen und unter Rühren 3 Min. mitdünsten. Den Zucker einstreuen und hellbraun karamellisieren lassen.

3 Gemüsefond oder -brühe dazugießen, langsam zum Kochen bringen und bei mittlerer Hitze zugedeckt 15 – 20 Min. kochen lassen, bis der Kürbis weich ist. Inzwischen die Kürbiskerne in einer Pfanne ohne Fett rösten, bis sie anfangen zu knistern.

4 Die Suppe mit dem Pürierstab oder im Mixer fein pürieren. Anschließend die Sahne unterziehen, einmal kurz aufkochen lassen. Mit Salz und Pfeffer würzen und auf Suppentellern anrichten. Mit einigen Tropfen Kürbiskernöl beträufeln und mit den Kürbiskernen bestreuen. Sofort servieren. Dazu passt Stangenweißbrot.

TIPP Für einen exotischen Touch dünste ich den Kürbis in 1 EL Madras-Curry an und ersetze die Hälfte des Gemüsefonds durch ungesüßte Kokosmilch (Dose). Mit 1 säuerlichen, in Stücke geschnittenen Apfel und knusprig gebackenen Chili-Brot-Croûtons obendrauf wird aus der Kürbissuppe ein fruchtig-scharfes Schüsselerlebnis.

KÜRBIS-APFEL-ROHKOST

500 g Butternusskürbis | 1 säuerlicher Apfel
(z. B. Boskop) | 5 EL Apfelsaft | 3 EL Weißwein-
essig | Salz | Pfeffer | 2 TL flüssiger Honig |
4 – 5 EL Rapsöl | 2 EL Sonnenblumenkerne |
4 EL saure Sahne

Vitamin-Power 🌿

Für 4 Personen | 35 Min. Zubereitung
Pro Portion ca. 310 kcal, 2 g EW, 28 g F, 11 g KH

1 Den Kürbis entkernen, schälen und auf der Rohkostreibe grob raspeln. Apfel waschen, achteln,
entkernen und in Scheibchen schneiden.

2 In einer Schüssel den Apfelsaft mit dem Essig,
Salz, Pfeffer, Honig und Öl verrühren. Kürbis und
Apfel mit der Vinaigrette vermischen und 10 Min.
ziehen lassen.

3 Inzwischen die Sonnenblumenkerne in einer
Pfanne ohne Fett goldbraun rösten, abkühlen lassen. Rohkost mit Salz und Pfeffer abschmecken,
auf Tellern anrichten. Je 1 EL saure Sahne daraufge-
ben und mit den Sonnenblumenkernen bestreuen.

KÜRBISAUFSTRICH

2 EL Kürbiskerne | 3 EL Speisequark | 40 g wei-
che Butter | 1 EL Kürbiskernöl | 150 g Kürbispü-
ree von ca. 300 g Butternuss- oder Hokkaido-
kürbis (Rezept siehe S. 9) | 1 Frühlingszwiebel |
Salz | Pfeffer | 1 Prise Cayennepfeffer | 4 Schei-
ben Mischbrot

Steirisch inspiriert 🌿

Für 4 Personen | 20 Min. Zubereitung
Pro Portion ca. 205 kcal, 3 g EW, 15 g F, 14 g KH

1 Die Kürbiskerne in einer Pfanne ohne Öl rösten,
bis sie sich leicht aufblasen. Vom Herd nehmen
und fein hacken. 1 EL beiseitelegen, die übrigen
Kürbiskerne mit Quark, Butter und Kürbiskernöl in
eine Schüssel geben und glatt rühren.

2 Das Kürbispüree unter die Quarkcreme rühren.
Die Frühlingszwiebel waschen, putzen, das Weiße
und Hellgrüne fein hacken und unterrühren. Den
Kürbisaufstrich mit Salz, Pfeffer und Cayennepfef-
fer kräftig würzen. Auf die Brotscheiben streichen
und mit den übrigen Kürbiskernen bestreuen.

KÜRBIS-CHIPS

600 g Kürbis (z. B. Hokkaidokürbis) |
500 ml Fett oder Öl zum Frittieren | Salz

Knabberspaß 🌿

Für 4 Portionen | 25 Min. Zubereitung
Pro Portion ca. 340 kcal, 5 g EW, 25 g F, 23 g KH

1 Den Kürbis längs in Spalten schneiden und die
Kerne herausschaben. Die Kürbisspalten mit einem
Sparschäler großzügig schälen, dann auf der fei-
nen Seite des Gemüsehobels in dünne Scheiben
hobeln oder mit einem Messer schneiden.

2 Das Fett oder Öl zum Frittieren in einer Fritteuse
oder im Wok auf etwa 180° erhitzen. Das Fett ist
heiß genug, wenn an einem hineingehaltenen
Holzlöffelstiel Bläschen aufsteigen. Die Kürbisscheiben darin portionsweise in 3 – 4 Min. knusprig frittieren.

3 Mit einer Schaumkelle herausheben, auf
Küchenpapier kurz abtropfen lassen und mit Salz
bestreuen. Die Kürbis-Chips schmecken pur als
Snack oder zu Gerichten mit Fleisch oder Geflügel.

KÜRBIS-KARTOFFEL-PÜREE

700 g Kürbis (z. B. Muskatkürbis) | 500 g mehlig
kochende Kartoffeln | 1 Zweig Rosmarin |
2 Knoblauchzehen | Salz | 200 ml heiße Milch |
2 TL Paprikamark (Tube) | Pfeffer | 50 g Butter |
1½ EL Oreganoblättchen

Mediterran 🌿

Für 4 Personen | 30 Min. Zubereitung
Pro Portion ca. 230 kcal, 5 g EW, 12 g F, 24 g KH

1 Den Kürbis von Kernen befreien, schälen und
ca. 1 cm groß würfeln. Kartoffeln schälen und ebenfalls würfeln. Rosmarin waschen, trocken schütteln, Blättchen abstreifen und fein hacken. Knoblauch schälen und fein würfeln. Alles in einen Topf
geben, mit 300 ml Wasser bedecken und salzen.
Zum Kochen bringen und zugedeckt bei mittlerer
Hitze in 15 Min. weich kochen. Wasser abgießen.

2 Heiße Milch dazugießen, mit dem Paprikamark
unterrühren. Alles mit dem Kartoffelstampfer fein
zerkleinern, salzen und pfeffern. Butter zerlassen,
Oregano darin kurz braten. Das Kürbispüree anrichten und die Oreganobutter darüberträufeln.

VEGETARISCHES

Großer Auftritt für den Kürbis: Hier spielt er die Hauptrolle
in der Küche. Geschmort, gebraten oder gebacken, gewürzt und mit
aromatischem Gemüse kombiniert ist er der Star der vegetarischen Szene.
Applaus für 10 tolle Rezepte ohne Fleisch!

KÜRBIS-RATATOUILLE

2 kleine Zwiebeln | 3 Knoblauchzehen | 1 kleiner Hokkaidokürbis (ca. 800 g) | 1 große Aubergine | je 1 große rote und gelbe Paprikaschote | 300 g Eiertomaten | ½ Bund Thymian | 4 EL Olivenöl | Salz | Pfeffer | 1 Dose stückige Tomaten (400 g) | 200 ml Gemüsebrühe oder Fond (Glas) | ½ Bund Petersilie

Klassiker neu

Für 4 Personen | 45 Min. Zubereitung
Pro Portion ca. 85 kcal, 4 g EW, 1 g F, 14 g KH

1 Die Zwiebeln schälen und sechsteln. Den Knoblauch schälen und fein hacken. Den Kürbis waschen, trocken reiben und halbieren. Mit einem Esslöffel Kerne und Fasern herausschaben. Dann in 2 cm große Stücke schneiden. Die Aubergine waschen, längs vierteln und ebenfalls in 2 cm große Stücke schneiden.

2 Die Paprikaschoten putzen, längs vierteln, entkernen und in mundgerechte Stücke schneiden. Tomaten waschen und sechsteln. Thymian waschen, trocken schütteln, Blättchen abstreifen und fein hacken.

3 Das Öl in einem breiten Topf erhitzen. Zwiebeln, Knoblauch und Kürbis darin 2 Min. andünsten. Paprika und Aubergine dazugeben und 2 Min. bei starker Hitze mitbraten. Salzen und pfeffern.

4 Eiertomaten, Dosentomaten, Brühe oder Fond und Thymian hinzufügen. Alles aufkochen und bei mittlerer Hitze zugedeckt 20 Min. schmoren.

5 Inzwischen die Petersilie waschen, trocken schütteln, Blätter abzupfen und hacken. Das Ratatouille mit Salz und Pfeffer würzen und mit Petersilie bestreuen. Dazu schmeckt Reis oder Baguette.

KÜRBIS-BOHNEN-GEMÜSE

500 g Muskatkürbis | 1 Zwiebel | 2 Knoblauch-
zehen | 1 EL Olivenöl | 1 EL Butter | Salz | Pfef-
fer | 1 TL Kurkuma | 1 TL gemahlener Kreuz-
kümmel | 1 TL rosenscharfes Paprikapulver |
150 ml Gemüsebrühe | 400 g grüne Bohnen |
1 – 2 EL Zitronensaft

Orientalisch

Für 4 Personen | 30 Min. Zubereitung
Pro Portion ca. 65 kcal, 4 g EW, 0 g F, 11 g KH

1 Den Kürbis entkernen, schälen, in Spalten, dann
in 1 – 2 cm große Würfel schneiden. Zwiebel und
Knoblauch schälen und fein würfeln.

2 Öl und Butter in einer großen Pfanne erhitzen.
Die Zwiebeln darin bei mittlerer Hitze glasig dünsten. Knoblauch und Kürbis dazugeben, 3 Min. mitdünsten, salzen und pfeffern. Mit Kurkuma, Kreuz-
kümmel und Paprikapulver bestäuben. Mit der
Brühe ablöschen und 10 – 15 Min. zugedeckt bei
mittlerer Hitze schmoren.

3 Inzwischen die Bohnen putzen, halbieren und
in kochendem Salzwasser 5 – 7 Min. blanchieren,
abgießen, abschrecken und gut abtropfen lassen.

4 Die Bohnen unter das Kürbisgemüse heben,
2 – 3 Min. mitgaren. Gemüse mit Zitronensaft, Salz
und Pfeffer abschmecken.

TIPP

Toll kombinieren lässt sich das Kürbis-Bohnen-
Gemüse mit einem knackigen Kürbiskern-
Couscous. Dafür 150 g Instant-Couscous nach
Packungsangabe in 300 ml heißer Brühe aus-
quellen lassen. 4 EL Kürbiskerne ohne Fett
anrösten, grob hacken und untermischen.

SEMMELKNÖDEL AUF RAHM-KÜRBIS

Mein Veggi-Favorit im Herbst: lockere Petersilienknödel auf sahnigem Kürbisgemüse kombiniert mit würzigen Aroma-Pilzen.

Für die Knödel:
4 Ciabattabrötchen vom
Vortag (ca. 250 g)
150 ml lauwarme Milch
Salz
1 Zwiebel
2 EL Butter
1 Bund Petersilie
2 Eier (Größe M)
Pfeffer
frisch geriebene Muskatnuss
Für das Gemüse:
1 Stück Muskatkürbis
(ca. 750 g)
150 g Champignons
150 g Kräuterseitlinge
2 EL Zitronensaft
1 Bund Frühlingszwiebeln
2 EL Olivenöl
1 EL Butter
125 ml Gemüsebrühe
Salz | Pfeffer
200 g Crème fraîche

Preiswert 🌿

Für 4 Personen |
1 Std. 15 Min. Zubereitung
Pro Portion ca. 585 kcal,
15 g EW, 39 g F, 44 g KH

1 Für die Knödel die Brötchen in dünne Scheiben schneiden. Die Milch darübergießen, salzen und 30 Min. ziehen lassen.

2 Inzwischen für das Gemüse den Kürbis entkernen, schälen und in 1 cm große Stücke schneiden. Pilze putzen, Kräuterseitlinge längs halbieren oder vierteln. Alle Pilze in dünne Scheiben schneiden, sofort mit dem Zitronensaft beträufeln. Frühlingszwiebeln waschen, putzen und in dünne Scheiben schneiden.

3 Für die Knödel die Zwiebel schälen, sehr fein hacken und in der zerlassenen Butter glasig dünsten. Petersilie waschen, trocken schütteln, die Blätter abzupfen und sehr fein hacken. Zwiebeln, die Hälfte der Petersilie und Eier mit Salz, Pfeffer und Muskat zu den Brötchenscheiben geben, alles kräftig durchkneten. Aus dem Teig mit nassen Händen acht Knödel formen. Reichlich gesalzenes Wasser zum Kochen bringen. Die Knödel einlegen und bei schwacher Hitze 20 Min. gar ziehen lassen.

4 Inzwischen Olivenöl und Butter in einer großen Pfanne erhitzen. Die Pilze darin bei starker Hitze 2 – 3 Min. anbraten. Kürbis dazugeben und 2 Min. mitbraten. Mit der Brühe ablöschen, salzen, pfeffern und zugedeckt bei mittlerer Hitze in 8 Min. bissfest garen. Crème fraîche und Frühlingszwiebeln unter das Gemüse rühren und bei starker Hitze in 5 Min. cremig einkochen lassen. Gemüse mit Salz und Pfeffer abschmecken.

5 Die Knödel aus dem Wasser heben, kurz abtropfen lassen und mit dem Kürbisgemüse anrichten. Zum Servieren die übrige Petersilie darüberstreuen.

KÜRBIS-BULGUR-PUFFER

1 Zwiebel | 6 EL Olivenöl | 100 g Bulgur |
150 ml Gemüsebrühe | 500 g Hokkaidokürbis |
½ Bund Petersilie | 1 Ei und 1 Eiweiß | 50 g Mehl |
1 EL Speisestärke | Salz | Pfeffer | 3 EL Aceto
balsamico | 1 TL Senf | 150 g Feldsalat

Ganz einfach

Für 4 Personen | 45 Min. Zubereitung
Pro Portion ca. 465 kcal, 9 g EW, 32 g F, 33 g KH

1 Die Zwiebel schälen und fein würfeln. In einem
Topf 1 EL Olivenöl erhitzen, die Zwiebel darin glasig
dünsten. Bulgur einrühren und kurz mitbraten. Mit
der Brühe aufgießen und zugedeckt bei milder
Hitze 10 Min. quellen lassen. Bulgur in eine Schüssel umfüllen, etwas abkühlen lassen.

2 Inzwischen den Kürbis schälen, mit einem Esslöffel entkernen und auf der Rohkostreibe grob raspeln. Petersilie waschen, trocken schütteln, von
den Stielen zupfen und grob hacken. Kürbis, Petersilie, Ei und Eiweiß, Mehl und Speisestärke zum
Bulgur geben und alles gut vermischen. Mit Salz
und Pfeffer kräftig würzen.

3 In einer beschichteten Pfanne 2 EL Öl erhitzen.
Jeweils 1 EL Teig in die Pfanne geben, flach drücken und auf jeder Seite 3 – 4 Min. goldbraun braten. Fertige Puffer im Ofen bei 100° warm halten.

4 Inzwischen Essig, Salz, Pfeffer, Senf und übriges Olivenöl glatt rühren. Feldsalat gründlich
waschen, trocken schleudern und verlesen. Feldsalat mit der Vinaigrette mischen und mit den
Puffern auf Tellern anrichten.

KÜRBIS-SCHNITZEL MIT MEERRETTICHSAUCE

800 g Butternusskürbis | Salz | 100 g Mehl |
150 g Semmelbrösel | 2 Eier | 2 EL Milch | Pfeffer | 100 ml Öl | 1 Zwiebel | 1 EL Butter |
150 ml Gemüsebrühe | 150 g Sahne | 1 – 2 EL heller Saucenbinder | 2 EL frisch geriebener Meerrettich (ersatzweise aus dem Glas) |
2 EL Schnittlauchröllchen

Mit Schärfe-Kick 🌿

Für 4 Portionen | 45 Min. Zubereitung
Pro Portion ca. 420 kcal, 13 g EW, 17 g F, 54 g KH

1 Den Kürbis schälen, halbieren und in 2 cm dicke
Scheiben schneiden. Reichlich Salzwasser aufkochen, die Kürbisscheiben darin 4 – 5 Min. garen,
abschrecken und gut abtropfen lassen.

2 Inzwischen Mehl und Semmelbrösel getrennt in
zwei tiefe Teller geben. Eier mit Milch, Salz und
Pfeffer auf einem dritten Teller verquirlen. Kürbisscheiben erst im Mehl, dann in den Eiern und
zuletzt in den Semmelbröseln wenden. Die Brösel
gut andrücken.

3 Das Öl in einer großen Pfanne erhitzen, die
Kürbisscheiben darin in vier Portionen bei mittlerer
Hitze von jeder Seite 3 – 4 Min. ausbacken. Auf
Küchenpapier kurz abtropfen lassen. Fertige
Schnitzel im Ofen bei 100° warm halten.

4 Für die Sauce die Zwiebel schälen und fein würfeln. Butter zerlassen, Zwiebeln darin glasig dünsten. Brühe und Sahne dazugießen und bei milder
Hitze 3 Min. kochen lassen. Saucenbinder unterrühren, aufkochen lassen. Mit Salz, Pfeffer und
Meerrettich würzen. Sauce mit den Schnitzeln
anrichten, Schnittlauch aufstreuen.

KÜRBIS-SALBEI-GNOCCHI

500 g Hokkaidokürbis | 500 g Kartoffelteig »halb und halb« (Kühlregal) | Salz | Pfeffer | frisch geriebene Muskatnuss | 150 g Mehl | 1 Ei (Größe L) | evtl. 1–2 EL Speisestärke | 400 g Kirschtomaten | 12–16 Salbeiblätter | 50 g Butter | 100 g geriebener oder gehobelter Parmesan | Mehl zum Arbeiten | 2 Backbleche

Macht was her 🌿

Für 4 Personen | 45 Min. Zubereitung | 25 Min. Backen
Pro Portion ca. 530 kcal, 20 g EW, 23 g F, 61 g KH

1 Den Backofen auf 200° vorheizen. Den Kürbis mit einem Löffel von Kernen und Fasern befreien und mit einem scharfen Messer in dünne Scheiben schneiden. Die Kürbisscheiben auf ein mit Backpapier belegtes Blech legen und im Ofen (Mitte) 20–25 Min. backen. Den Kürbis pürieren und mit dem Kartoffelteig, Salz, Pfeffer, Muskat, Mehl und Ei verrühren. Alles gut durchkneten. Eventuell 1–2 EL Speisestärke unterkneten.

2 Aus dem Teig mit angefeuchteten Händen Kugeln von ca. 2 cm ∅ formen und jeweils in der Handfläche mit einer Gabel flach drücken. Gnocchi auf zwei leicht bemehlte Bleche legen.

3 In einem großen Topf Salzwasser zum Kochen bringen. Gnocchi portionsweise darin aufkochen und bei schwacher Hitze 4 Min. ziehen lassen.

4 Tomaten halbieren. Salbei waschen und trocken tupfen. Die Butter in einer Pfanne schmelzen, Salbei und Tomaten dazugeben. Gnocchi aus dem Wasser heben und abtropfen lassen. In der Butter schwenken, salzen und pfeffern. Anrichten und mit reichlich Parmesan bestreuen.

KÜRBIS-SPINAT-RISOTTO

500 g Muskatkürbis oder gelber Zentner |
2 Zwiebeln | 1 Knoblauchzehe | 1 l Gemüse-
brühe | 4 EL Olivenöl | 300 g Risottoreis
(z. B. Arborio) | 200 ml trockener Weißwein |
300 g Blattspinat | Salz | Pfeffer | frisch gerie-
bene Muskatnuss | 100 g Sahne | 80 g frisch
geriebener Parmesan

Klassiker grün aufgepeppt 🌿

Für 4 Personen | 45 Min. Zubereitung
Pro Portion ca. 630 kcal, 15 g EW, 34 g F, 66 g KH

1 Den Kürbis schälen, entkernen und grob raspeln. Zwiebeln und Knoblauchzehe schälen und
fein würfeln. Die Brühe aufkochen.

2 In einem Topf 3 EL Öl erhitzen. Zwiebeln und
Knoblauch darin 1 Min. dünsten. Reis und Kürbis
unter Rühren 2 Min. mitdünsten. Mit dem Wein ab-

löschen. So viel Brühe hinzufügen, dass der Reis
bedeckt ist. Offen bei mittlerer Hitze kochen, bis
die Flüssigkeit fast aufgesogen ist, ab und zu umrühren. Mit der restlichen Brühe ebenso verfahren,
bis der Reis nach 20 – 25 Min. gar ist.

3 Inzwischen den Spinat waschen, trocken
schleudern und grobe Stiele entfernen. In einer
Pfanne das übrige Öl erhitzen und den Spinat darin in 2 – 3 Min. zusammenfallen lassen. Mit Salz,
Pfeffer und Muskat würzen. Spinat mit der Sahne
kurz vor Ende der Garzeit unter den Risotto heben.
40 g Parmesan unterheben, den Rest aufstreuen.

TIPP

Mit Mangold statt Spinat schmeckt es herzhaf-
ter: Stiele fein würfeln und mit den Zwiebeln
andünsten. Blätter grob hacken, wie den Spinat dünsten und unter den Risotto heben.

KÜRBIS-LASAGNE

Ein Auflauf, der nicht nur meine vegetarischen Gäste begeistert:
geschichtet mit Kürbis-Tomaten-Sugo, Lasagneblättern und Käse-Béchamelsauce.

750 g Kürbis (z. B. Hokkaido-
oder Muskatkürbis)
100 g Staudensellerie
2 Zwiebeln
1 Knoblauchzehe
4–5 EL Olivenöl
300 ml Gemüsebrühe
500 g passierte Tomaten
(Tetrapak)
Salz | Pfeffer
½ TL Zimt
1 EL frisch gehackter Thymian
1 gehäufter EL Butter
1 gehäufter EL Mehl
frisch geriebene Muskatnuss
450 ml Milch
150 g Bergkäse
250 g Lasagneblätter
(ohne Vorkochen)
Butter für die Form

Klassiker neu | für Gäste 🌱

Für 4 Personen |
45 Min. Zubereitung |
35 Min. Backen
Pro Portion ca. 800 kcal,
23 g EW, 48 g F, 69 g KH

1 Kürbis waschen, schälen und entkernen. Kürbisfleisch in ½ cm große Würfel schneiden. Sellerie putzen, waschen und fein würfeln. Zwiebeln und Knoblauch schälen und ebenfalls fein würfeln.

2 In einer großen Pfanne 3 EL Öl erhitzen. Kürbis, Sellerie und Zwiebeln darin 5 Min. braten. Knoblauch dazugeben und 1–2 Min. mitbraten (Bild 1). Mit 150 ml Brühe ablöschen. Tomaten hinzufügen, unter Rühren aufkochen. Kürbissauce bei mittlerer Hitze 10 Min. garen. Mit Salz, Pfeffer, Zimt und Thymian würzen.

3 Inzwischen für die Béchamelsauce die Butter in einem Topf erhitzen, Mehl darin kurz andünsten. Mit Salz, Pfeffer und Muskat würzen. Milch und übrige Brühe einrühren, aufkochen und bei mittlerer Hitze unter Rühren 15 Min. kochen (Bild 2).

4 Inzwischen den Backofen auf 200° vorheizen. Käse fein reiben. Béchamelsauce vom Herd nehmen, die Hälfte vom Käse unterrühren. Eine Auflaufform (28 × 25 cm) mit Butter einfetten. Den Boden mit einer dünnen Schicht Béchamelsauce bedecken. Die Lasagne-Blätter, Kürbis- und Käsesauce abwechselnd in die Form schichten (Bild 3). Die letzte Nudelschicht mit Käsesauce abschließen. Restlichen Käse darüberstreuen, mit übrigem Öl beträufeln. Lasagne im heißen Ofen 30–35 Min. backen. Vor dem Servieren nach Belieben mit frisch gehacktem Thymian bestreuen.

TIPP

Wer die Lasagne mit noch mehr Gemüse mag, kann den Kürbis zur Hälfte durch je 150 g in Scheiben geschnittene Zucchini und fein geschnittene Champignons ersetzen, die Sie mit dem übrigen Gemüse in der Pfanne braten.

KÜRBIS-ROTE-BETE-GRATIN

800 g Muskatkürbis | 2 kleine Rote Beten |
2 TL grobes Meersalz | 2 TL grob zerstoßene
Koriandersamen | Pfeffer | 100 g mittelalter
Gouda | 150 g Crème fraîche | 200 g Sahne |
1 Bund Petersilie | 1 Bund Schnittlauch | Fett für
die Form

Lässt sich gut vorbereiten 🌿

Für 4 Personen | 35 Min. Zubereitung |
25 Min. Backen
Pro Portion ca. 450 kcal, 12 g EW, 38 g F, 15 g KH

1 Den Backofen auf 220° vorheizen. Den Kürbis
halbieren, schälen, mit einem Esslöffel entkernen
und in ½ cm dicke Stücke schneiden. Die Roten
Beten schälen und in dünne Scheiben schneiden.

2 Die Saftpfanne des Ofens einfetten, die Kürbis-
und Rote-Bete-Scheiben dachziegelartig auf dem
Blech verteilen und mit 2 TL Meersalz, Koriander
und Pfeffer bestreuen. Das Gemüse im Backofen
(unten) 15 Min. vorbacken.

3 Inzwischen den Gouda grob raspeln. Mit der
Crème fraîche und Sahne verrühren, mit Salz und
Pfeffer würzen. Petersilie und Schnittlauch wa-
schen und trocken schütteln. Petersilie hacken,
Schnittlauch in Röllchen schneiden.

4 Die Kräuter über das vorgebackene Gemüse
streuen, die Käsecreme gleichmäßig darauf verteilen und im Backofen (unten) noch 10 – 15 Min.
überbacken. Dazu passt Baguette.

TIPP

Die Nicht-Vegetarier in meiner Familie essen
das Gratin zu kurzgebratenem Fleisch oder
Fisch. Als Beilage reicht es für 8 Personen.

KÜRBIS-TORTILLA

1 Butternuss- oder Hubbardkürbis (ca. 800 g) | 2 Zwiebeln | 1 grüne Paprikaschote | ½ Bund Petersilie | 4 EL Olivenöl | Salz | Pfeffer | 8 Eier | 150 ml Milch | 100 g geriebener Manchego | edelsüßes Paprikapulver

Herzhaft

Für 4 Personen | 45 Min. Zubereitung | 15 Min. Backen
Pro Portion ca. 515 kcal, 23 g EW, 42 g F, 12 g KH

1 Den Kürbis waschen und längs halbieren. Kerne und Fasern mit einem Esslöffel herausschaben. Die Kürbishälften in Spalten schneiden und schälen. Das Kürbisfleisch in 1 cm große Würfel schneiden. Die Zwiebeln schälen und fein würfeln. Die Paprikaschote vierteln, entkernen und in feine Streifen schneiden. Petersilie waschen, trocken schütteln, Blätter abzupfen und hacken.

2 Den Backofen auf 180° vorheizen. Das Öl in einer großen beschichteten, ofenfesten Pfanne (ca. 26 cm ⌀) erhitzen. Die Kürbiswürfel darin unter gelegentlichem Wenden bei mittlerer bis starker Hitze 3 Min. braten. Zwiebeln und Paprika dazugeben und 5 – 8 Min. weiterbraten. Alles kräftig salzen und pfeffern.

3 Inzwischen Eier, Milch, Käse und Petersilie miteinander verquirlen. Mit Salz, Pfeffer und Paprikapulver würzen. Eiermilch über das Gemüse gießen und im heißen Ofen (Mitte) 15 – 20 Min. stocken lassen. Pfannenstiel aus Kunststoff zum Schutz mit Alufolie umwickeln.

4 Das Omelett kurz ruhen lassen. Aus der Pfanne auf eine Platte stürzen, in Stücke schneiden. Dazu passt grüner Salat.

KÜRBIS MIT FLEISCH UND FISCH

Heiße Ideen rund um Hokkaido & Co. Mit einer kräftigen Prise Würze, mit einem Kick Schärfe, mit einem Schuss Raffinesse. Das Ergebnis: aromatische Genüsse für kalte Tage mit Fleisch und Fisch, die Lust auf Neues machen.

KÜRBISEINTOPF MIT CHORIZO

600 g Kürbis (z. B. Hubbard-Kürbis) |
250 g Möhren | 500 g festkochende Kartoffeln |
2 Zwiebeln | 150 g Chorizo | 2 EL Olivenöl |
900 ml Gemüsebrühe | 1 EL frisch gehackter
Thymian (oder 2 TL getrockneter Thymian) |
1 Lorbeerblatt | Salz | Pfeffer | ½ Bund Peter-
silie | 1–2 EL Zitronensaft

Kräftiger Genuss

Für 4 Personen | 35 Min. Zubereitung |
25 Min. Garen
Pro Portion ca. 355 kcal, 12 g EW, 23 g F, 25 g KH

1 Den Kürbis entkernen. Möhren, Kartoffeln und
Kürbis schälen und in 2 cm große Würfel schneiden. Zwiebeln schälen und in dünne Spalten
schneiden. Die Chorizo schräg in ½ cm dünne
Scheiben schneiden.

2 Das Öl in einem Topf erhitzen. Chorizo unter
Rühren bei milder Hitze 3 Min. braten, herausnehmen. Dann die Zwiebeln im Bratfett andünsten.
Kürbis, Möhren und Kartoffeln dazugeben und
unter Rühren 3 Min. mitdünsten.

3 Brühe, Thymian und Lorbeer hinzufügen. Mit
Salz und Pfeffer würzen. Eintopf aufkochen, zugedeckt bei schwacher Hitze 25 Min. kochen lassen.
Inzwischen die Petersilie waschen, trocken schütteln, abzupfen und hacken.

4 Chorizo unterrühren, den Eintopf mit Zitronensaft abschmecken. Die Hälfte der Petersilie unterrühren, den Rest obendrauf streuen.

TIPP

Den Eintopf serviere ich gerne mit je 1 Klecks
Schmand und mit Paprikapulver bestäubt.

THAI-CURRY-KÜRBISTOPF

1 kg Kürbis (z. B. Muskatkürbis) | 2 rote Zwiebeln | 2 Knoblauchzehen | 1 Stück Ingwer (ca. 4 cm) | 2 Stangen Zitronengras | 3 EL Öl | 2 EL grüne Currypaste | 400 ml ungesüßte Kokosmilch (Dose) | 800 ml Gemüsebrühe | 75 g Reisnudeln | 150 g Zuckerschoten | 3 Frühlingszwiebeln | 150 g rohe, geschälte Garnelen | Salz | Pfeffer | 2 – 3 EL Limettensaft | 2 EL Korianderblätter

Raffiniert | Für Gäste

Für 4 Personen | 55 Min. Zubereitung
Pro Portion ca. 315 kcal, 10 g EW, 16 g F, 32 g KH

1 Den Kürbis entkernen, schälen, und in mundgerechte Stücke schneiden. Zwiebeln schälen und in Spalten schneiden. Knoblauch und Ingwer schälen und fein würfeln. Vom Zitronengras die äußeren Blätter entfernen, die inneren Blätter zerpflücken.

2 Das Öl in einem Topf erhitzen und die Kürbiswürfel darin in 4 – 5 Min. anbraten. Zwiebel, Knoblauch, Ingwer und Zitronengras dazugeben und 3 Min. mitbraten. Currypaste zufügen und unter Rühren 2 – 3 Min. dünsten. Mit Kokosmilch und Brühe aufgießen, aufkochen und zugedeckt 10 – 15 Min. bei mittlerer Hitze garen.

3 Nudeln mit kochendem Wasser übergießen, 5 Min. quellen lassen, dann abgießen und grob zerschneiden. Zuckerschoten putzen und halbieren. Frühlingszwiebeln putzen, längs halbieren und in 4 cm breite Stücke schneiden. Garnelen waschen, abtropfen lassen. Alles 5 Min. vor Garzeitende in den Eintopf geben. Mit Salz, Pfeffer und Limettensaft würzen. Die Korianderblätter waschen, trocken schütteln, fein hacken und vor dem Servieren auf den Eintopf streuen.

SEELACHS MIT KÜRBIS-KRUSTE

Mit diesem Gericht bringe ich Eleganz in die Alltagsküche: Die raffinierte Auflage aus Toast, geraspeltem Hokkaido und frischen Kräutern sorgt für einen festlichen Anstrich.

4 Seelachsfilets (à ca. 200 g)
½ Bio-Zitrone
Salz | Pfeffer
4 Scheiben Toastbrot
(ca. 80 g)
300 g Hokkaidokürbis
½ Bund Petersilie
½ Bund Schnittlauch
½ TL getrockneter Thymian
2 Eiweiße
edelsüßes Paprikapulver
1 EL Butter
Butter für die Form

Schlemmerfilet

Für 4 Personen |
40 Min. Zubereitung |
25 Min. Backen
Pro Portion ca. 225 kcal,
29 g EW, 6 g F, 13 g KH

1 Die Fischfilets kurz waschen und trocken tupfen. Zitrone heiß waschen, abtrocknen, die Schale fein abreiben und den Saft auspressen. Den Fisch mit dem Zitronensaft beträufeln, leicht salzen. Den Backofen auf 180° vorheizen.

2 Das Toastbrot entrinden und in sehr kleine Würfel schneiden. Den Kürbis entkernen, schälen und auf der Gemüsereibe raspeln. Petersilie und Schnittlauch waschen und trocken schütteln. Petersilienblätter abzupfen und fein hacken, Schnittlauch in dünne Röllchen schneiden.

3 Kürbis, frische Kräuter, Thymian, Zitronenschale, Eiweiß und Toast vermischen. Mit Salz, Pfeffer und Paprikapulver würzen.

4 Eine ofenfeste Form mit Butter einfetten. Die Fischfilets nebeneinander hineinlegen und gleichmäßig mit der Kürbis-Kräuter-Masse bestreichen. Mit der Butter in Flöckchen belegen. Im heißen Ofen (Mitte) 20 – 25 Min. überbacken. Dazu schmeckt selbst gemachtes Kartoffelpüree und ein Blattsalat mit Vinaigrette.

VARIANTE FORELLENFILETS MIT KÜRBISKERNKRUSTE
4 Lachsforellenfilets (je 180 – 200 g) waschen, gut trocken tupfen, wie beschrieben würzen und in eine gefettete, ofenfeste Form legen. 80 g Kürbiskerne hacken und statt dem geraspelten Hokkaidokürbis mit den gehackten Kräutern, Toastbrot, Eiweißen und abgeriebener Zitronenschale wie beschrieben vermischen. Mit Salz, Pfeffer und Paprika würzen. Die Kürbiskern-Kräuter-Masse auf die Fischfilets streichen. Im heißen Ofen bei 180° (Mitte) 20 – 25 Min. backen.

KÜRBIS-SPECK-SPAGHETTI

150 g durchwachsener Bauchspeck | 2 Zwiebeln | 600 g Hokkaidokürbis | ½ Bund Thymian | 400 g Spaghetti | Salz | 1 EL Olivenöl | 125 g Sahne | Pfeffer | 1 – 2 TL Zitronensaft

Ganz einfach

Für 4 Personen | 30 Min. Zubereitung
Pro Portion ca. 760 kcal, 16 g EW, 41 g F, 79 g KH

1 Den Speck klein würfeln. Zwiebeln schälen und fein würfeln. Den Kürbis waschen, entkernen und in 1 cm große Würfel schneiden. Thymian waschen, Blätter abstreifen und fein hacken.

2 Die Spaghetti in kochendem Salzwasser nach Packungsanweisung bissfest garen. Inzwischen das Öl in einer großen Pfanne erhitzen und den Speck darin unter Wenden in 3 Min. knusprig braten. Zwiebeln, Kürbis und Thymian dazugeben und 5 Min. mitbraten. Die Sahne dazugießen, einmal aufkochen und offen 3 Min. kochen lassen. Salzen und pfeffern.

3 Nudeln abgießen, kurz abtropfen lassen und in der Pfanne mit der Kürbis-Speck-Mischung vermischen. Mit Zitronensaft würzen. Sofort servieren.

VARIANTE KÜRBIS-SPAGHETTI CARBONARA
Für die Kürbis-Carbonara verwende ich statt der Sahne 5 – 6 EL Gemüsebrühe. Die Kürbis-Speck-Mischung 3 Min. darin dünsten. In einer Schüssel 200 g Sahne mit 8 EL Milch, 4 Eiern, 8 EL Nudelkochwasser und 100 g frisch geriebenem Parmesan verrühren. Die Kürbis-Speck-Nudeln vom Herd ziehen und die Eier-Käse-Sahne untermischen.

PFANNEN-GYROS MIT KÜRBIS

500 g Putenschnitzel | 2 EL Gyrosgewürz | Pfeffer | 1 Bund Petersilie | 800 g Muskatkürbis | 4 Tomaten | 2 Zwiebeln | 6 EL Olivenöl | Salz | 2 Knoblauchzehen

Farbenfroher Kinderhit

Für 4 Personen | 35 Min. Zubereitung
Pro Portion ca. 465 kcal, 34 g EW, 32 g F, 11 g KH

1 Putenfleisch waschen, trocken tupfen und in dünne Scheiben schneiden. Mit dem Gyrosgewürz und Pfeffer mischen. Petersilie waschen, trocken schütteln, abzupfen und grob hacken.

2 Vom Kürbis Kerne und Fasern entfernen, Kürbis in Spalten schneiden, schälen und 1 – 2 cm groß würfeln. Tomaten waschen, vierteln, entkernen und ebenfalls würfeln. Zwiebeln schälen, halbieren und in feine Streifen schneiden.

3 In einer großen Pfanne 4 EL Öl sehr heiß werden lassen. Fleisch darin portionsweise in 3 – 4 Min. knusprig braun braten. Herausnehmen, salzen und pfeffern. Übriges Öl in der Pfanne erhitzen, die Kürbiswürfel bei mittlerer Hitze unter Wenden 7 Min. braten, nach 2 Min. die Zwiebeln dazugeben und glasig braten. Knoblauch schälen und dazupressen. 8 EL Wasser dazugießen und den Bratensatz unter Rühren loskochen. Fleisch und Tomaten unterheben und 2 – 3 Min. erhitzen. Die Gyros-Pfanne mit Petersilie bestreut servieren. Dazu schmeckt zum Beispiel Fladenbrot.

TIPP

Mit Joghurtsauce wird's frisch: 300 g Sahnejoghurt mit 1 – 2 EL Olivenöl glatt rühren und mit Salz würzen. Zu der Gyrospfanne servieren.

GEFÜLLTE HOKKAIDOKÜRBISSE

Kaum zu glauben: die leuchtenden Kürbisse sind Topf und Gericht in einem. Und innen drin?
Eine kräftig gewürzte Hackfleisch-Pilzmasse mit Reis, Paprika und Thymian.

4 kleine Hokkaidokürbisse
(je 500 – 600 g)
Salz
80 g Langkornreis
1 rote Paprikaschote
200 g Egerlinge
1 Zwiebel
2 Knoblauchzehen
¼ Bund Thymian
4 Stiele Petersilie
2 EL Olivenöl
250 g gemischtes Hackfleisch
2 Eier (Größe M)
1 TL Paprikamark
½ EL edelsüßes Paprikapulver
1 TL rosenscharfes
Paprikapulver
Pfeffer
4 EL geriebener Emmentaler
Olivenöl zum Bestreichen

Pralles Vergnügen

Für 4 Personen |
60 Min. Zubereitung |
1 Std. 15 Min. Backen
Pro Portion ca. 560 kcal,
26 g EW, 66 g F, 23 g KH

1 Vom Kürbisboden jeweils eine sehr dünne Scheibe abschneiden, damit die Kürbisse aufrecht stehen. Die Deckel der Kürbisse mit einem scharfen Messer abschneiden. Kerne und weiche Fasern mit einem Esslöffel herausschaben (Bild 1). Die Kürbisse innen mit Salz einreiben, 30 Min. umgekehrt auf Küchenpapier abtropfen lassen.

2 Inzwischen den Reis in Salzwasser 15 Min. sprudelnd kochen, gut abtropfen lassen. Die Paprikaschote waschen und in kleine Würfel schneiden. Die Pilze putzen und in dünne Scheiben schneiden. Die Zwiebel und den Knoblauch schälen und fein würfeln. Thymian und Petersilie waschen, trocken schütteln, die Blätter von den Stielen zupfen und fein hacken.

3 Das Öl in einer Pfanne erhitzen und die Zwiebeln darin bei milder Hitze glasig dünsten. Knoblauch, Paprika und Pilze zusammen mit dem Thymian und der Petersilie unter die Zwiebeln mischen und 2 Min. mitdünsten (Bild 2), dann vom Herd ziehen.

4 Den Ofen auf 200° vorheizen. Die Gemüse-Kräuter-Mischung mit dem Hackfleisch, Eiern, Paprikamark und Paprikapulver zum Reis geben. Salzen, pfeffern und alles gründlich durchmischen.

5 Die Kürbisse innen trocken tupfen. Die Hackmasse einfüllen (Bild 3). Ein Blech mit Backpapier belegen, die Kürbisse daraufsetzen, mit Käse bestreuen und mit Öl bestreichen. Die Kürbisdeckel salzen, pfeffern und ebenfalls mit Öl bestreichen, danebenlegen. Im heißen Ofen (unten) 70 Min. backen. Die Deckel nach 45 Min. herausnehmen, die Kürbisse mit Alufolie abdecken. Die Kürbisse 10 Min. abkühlen lassen und in breite Spalten schneiden.

LAMM-KÜRBIS-GULASCH

4 Zwiebeln | 3 Knoblauchzehen | 600 g Lamm-
fleisch (Keule) | 3 EL Olivenöl | Salz | Pfeffer |
1 EL Tomatenmark | 2 Lorbeerblätter | 1–2 TL ro-
senscharfes Paprikapulver | 1 Dose stückige
Tomaten (400 g) | 300–400 ml Gemüse- oder
Hühnerbrühe | 750 g Butternuss- oder Hokkai-
dokürbis | 1 Bund Petersilie | 1 Prise Zucker

Orientalisch

Für 4 Personen | 2 Std. Zubereitung
Pro Portion ca. 565 kcal, 31 g EW, 43 g F, 14 g KH

1 Die Zwiebeln schälen und grob würfeln. Die
Knoblauchzehen schälen und fein hacken. Fleisch
waschen, trocken tupfen und in 2 cm große Stücke
schneiden.

2 Das Öl in einem Bräter erhitzen. Das Fleisch
darin rundum bei starker Hitze 5–7 Min. anbraten,
salzen und pfeffern. Zwiebeln und Knoblauch
dazugeben und bei mittlerer Hitze in 2 Min. goldbraun braten. Tomatenmark einrühren und kurz
mitbraten. Lorbeer, Paprikapulver und Tomaten
dazugeben. Mit 300 ml Brühe ablöschen, aufkochen lassen. Das Fleisch zugedeckt bei mittlerer
Hitze 1 Std. schmoren, ab und zu umrühren.

3 Inzwischen den Kürbis halbieren, entkernen
und in 1,5 cm große Würfel schneiden. Nach
60 Min. unter das Gulasch rühren und bei schwacher Hitze zugedeckt 30 Min. mitschmoren. Eventuell noch Brühe angießen.

4 Die Petersilie waschen, trocken schütteln, Blätter abzupfen und grob hacken. Das fertige Gulasch
mit Salz, Pfeffer und Zucker abschmecken und mit
Petersilie bestreut servieren. Als Beilage passt
Couscous oder knuspriges Stangenbrot.

SCHWEINEKOTELETT MIT KÜRBIS-LINSEN

200 g Puy-Linsen | Salz | 1 Lorbeerblatt | 1 große Zwiebel | 2 Knoblauchzehen | 800 g Muskatkürbis | 100 g Knollensellerie | 1 mittelgroße Stange Lauch | 1 rote Chilischote | 4 EL Olivenöl | 400 ml Gemüsefond (Glas) | Pfeffer | 2 EL Rotweinessig | 1 TL Zucker | 4 Schweinekoteletts (à ca. 250 g) | 1 EL grob zerstoßene Korianderkörner | 2 EL Öl |

Mit Schärfe-Kick

Für 4 Personen | 45 Min. Zubereitung
Pro Portion ca. 805 kcal, 64 g EW, 44 g F, 25 g KH

1 Einen Topf mit Wasser zum Kochen bringen, Linsen, Salz und Lorbeer hinzufügen und 15 Min. kochen, dann abgießen und abtropfen lassen.

2 Inzwischen Zwiebel und Knoblauch schälen und fein würfeln. Kürbis schälen, von Kernen und Fasern befreien und in mundgerechte Stücke schneiden. Sellerie schälen und würfeln, Lauch waschen und putzen. Weiße und hellgrüne Teile schräg in 1 cm breite Streifen schneiden. Chilischote waschen, putzen und fein würfeln.

3 In einem breiten Topf das Olivenöl erhitzen, Zwiebeln, Knoblauch, Kürbis und Sellerie dazugeben und bei schwacher Hitze 5 Min. unter Wenden dünsten. Chili, Linsen, Lauch und Fond hinzufügen und bei halb geschlossenem Deckel 15 Min. garen. Das Linsengemüse mit Salz, Pfeffer, Essig und Zucker kräftig abschmecken.

4 Die Koteletts mit Salz, Pfeffer und Koriander würzen. Das Öl in einer Pfanne erhitzen, Koteletts scharf anbraten, bei mittlerer Hitze 7 – 8 Min. weiterbraten, einmal wenden. Aus der Pfanne nehmen, kurz ruhen lassen. Mit dem Gemüse servieren.

SÜSSES UND HERZHAFTES GEBÄCK

Feuer und Flamme für Kürbis! Vom klassischen Pie
über Muffins mit Kokos bis zu pikantem Flammkuchen und Quiche –
Ofenhitze bekommt dem runden Tausendsassa besonders gut.
Darin entfaltet er sein volles Aroma und seine Farbe.

PUMPKIN-PIE – KÜRBISKUCHEN

Wenn ich zu einem herbstlichen Essen bitte, serviere ich zur Krönung immer Pumpkin-Pie: Mürbeteig, gefüllt mit einer Creme aus Kürbispüree, Gewürzen, Mandeln und Sahne.

250 g Mehl
50 g Zucker
1 Prise Salz
4 Eier (Größe M)
125 g kalte Butter
1 Butternuss- oder Hubbard-Kürbis (ca. 700 g)
100 g brauner Zucker
100 g gemahlene Mandeln
1 TL Zimt
je ½ TL gemahlener Ingwer, Nelken und Muskatnuss
2 TL Vanillepuddingpulver
Fett für die Form
Mehl zum Ausrollen

Echt amerikanisch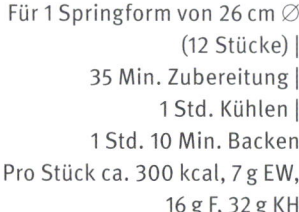

Für 1 Springform von 26 cm ⌀ (12 Stücke) |
35 Min. Zubereitung |
1 Std. Kühlen |
1 Std. 10 Min. Backen
Pro Stück ca. 300 kcal, 7 g EW, 16 g F, 32 g KH

1 Mehl auf die Arbeitsfläche häufen. In die Mitte eine Mulde drücken und Zucker, Salz und 1 Ei hineingeben. Die Butter in kleine Würfel schneiden und auf dem Mehlrand verteilen. Alle Zutaten mit einem großen Messer durchhacken, dann mit den Händen rasch zu einem glatten Teig verkneten. Den Teig zu einer Kugel formen, in Folie wickeln und 1 Std. kalt stellen.

2 Inzwischen den Backofen auf 200° vorheizen. Den Kürbis längs halbieren, die Kerne mit einem Esslöffel herauskratzen und die Kürbishälften mit der Schnittfläche nach oben auf ein Backblech legen. Im Ofen (Mitte) 35 – 40 Min. backen, bis das Fruchtfleisch weich ist. Kürbis aus dem Ofen nehmen, etwas abkühlen lassen, dann das Fruchtfleisch aus den Hälften schaben und mit dem Stabmixer fein pürieren.

3 Die übrigen Eier trennen. Eigelbe und braunen Zucker mit den Quirlen des Handrührgeräts cremig rühren. Nach und nach 400 g Kürbispüree, Mandeln, Gewürze und Puddingpulver unterrühren. Die Eiweiße steif schlagen und unterheben.

4 Die Springform einfetten. Mürbeteig auf der bemehlten Arbeitsfläche dünn ausrollen. Die Form damit auskleiden, dabei einen 3 cm hohen Rand formen. Die Kürbismasse in die Form gießen und den Pie im Ofen (Mitte) bei 200° 30 Min. backen. Auf einem Kuchengitter abkühlen lassen. Mit geschlagener Sahne servieren.

TIPP **Den Pie bei leicht geöffneter Tür im Backofen abkühlen lassen – die Füllung senkt sich dabei langsam. Erkaltet er zu schnell, bekommt der Kuchen Risse.**

KÜRBIS-APFEL-AUFLAUF

Mein Süß-Tipp für das kleine Extra im Alltag: Muskatkürbis, Äpfel, Mandeln und viele Gewürze direkt aus dem Ofen. Und dazu echte Vanillesauce.

Für den Auflauf:
100 ml Orangensaft
80 g getrocknete Cranberrys
900 g Muskatkürbis
4 Äpfel (z. B. Boskop)
70 g brauner Zucker
1 Pck. Bourbon-Vanillezucker
30 g Butter | 1 TL Zimtpulver
1 Msp. gemahlene Nelken
1 TL fein abgeriebene Schale
von 1 Bio-Zitrone
2 EL Rum (ersatzweise
Orangensaft)
50 g Löffelbiskuits
70 g gehobelte Mandeln
Puderzucker zum Bestreuen
Für die Vanillesauce:
375 ml Milch
2 Vanilleschoten
4 Eigelb
50 g Zucker
Außerdem:
1 Auflaufform (32 × 20 cm)

Schmeckt Kindern 🌿

Für 4 Personen |
35 Min. Zubereitung |
35 Min. Backen
Pro Portion ca. 670 kcal,
13 g EW, 27 g F, 89 g KH

1 Orangensaft erhitzen und die Cranberrys darin einweichen. Den Kürbis vierteln, Kerne und Fasern herauskratzen, schälen und das Kürbisfleisch in kleine Würfel schneiden. Äpfel vierteln, schälen, entkernen und quer in dünne Schnitze schneiden.

2 Den Backofen auf 200° vorheizen. Kürbis- und Apfelstücke mit dem Zucker, Vanillezucker, Butter in Stücken, Zimt, Nelkenpulver und Zitronenschale vermischen. Rum oder Orangensaft und Cranberrys samt Orangensaft unterheben.

3 Die Löffelbiskuits hacken und mit den Mandelblättchen unter die Kürbismischung heben. Eine Auflaufform einfetten, Kürbismischung hineingeben. Im Ofen (Mitte) 30 – 35 Min. backen.

4 Für die Sauce die Milch aufkochen. Vanilleschoten aufschlitzen und dazugeben. Eigelbe und Zucker verquirlen. Die Vanillemilch unter die Eigelbmischung rühren. Mit einem Schneebesen über dem heißen Wasserbad 6 – 8 Min. dicklich-cremig aufschlagen.

VARIANTE KÜRBISSTRUDEL
Den Kürbisauflauf wie beschrieben zubereiten, aber nur 20 Min. backen. Für den Strudelteig 250 g Mehl mit 1 Eigelb, Salz, 125 ml Wasser und 3 EL Öl verkneten und 30 Min. ruhen lassen, dann zu einem Rechteck von ca. 60 × 50 cm ausrollen. Mit 30 g zerlassener Butter bestreichen und mit 50 g zerbröselten Löffelbiskuits bestreuen. Kürbismischung gleichmäßig darauf verteilen, einen 5 cm breiten Rand frei lassen. Den Strudel längs aufrollen, auf ein mit Backpapier belegtes Blech geben und mit 1 Eigelb bestreichen. Im Ofen bei 200° (unten) 25 Min. backen.

KÜRBIS-KOKOS-MUFFINS

300 g Kürbis (z. B. Hokkaidokürbis) | 2 EL Limettensaft | 2 EL flüssiger Honig | 350 g Mehl | 1 Prise Salz | 2 TL Kakaopulver | 1 Päckchen Backpulver | 2 Eier (Größe M) | 120 g Zucker | 100 ml Rapsöl | 160 ml ungesüßte Kokosmilch (Dose) | 100 g Kokosraspel | 75 g Schokoladentröpfchen (Fertigprodukt) | Fett oder Papierbackförmchen für das Muffinblech

Schokoladig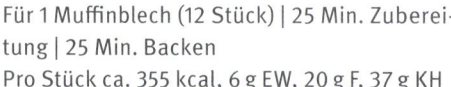

Für 1 Muffinblech (12 Stück) | 25 Min. Zubereitung | 25 Min. Backen
Pro Stück ca. 355 kcal, 6 g EW, 20 g F, 37 g KH

1 Den Kürbis mit einem Esslöffel von Kernen und Fasern befreien, mit einem scharfen Messer halbieren, schälen und auf der Rohkostreibe grob raspeln. Limettensaft und Honig dazugeben und unterrühren.

2 Den Backofen auf 180° vorheizen. Mehl, Salz, Kakao- und Backpulver mischen. In einer Schüssel Eier, Zucker, Öl und Kokosmilch glatt rühren. Die Mehlmischung dazugeben und kurz unterrühren. Dann Kürbis, Kokosraspel und Schokoladentröpfchen unterheben.

3 Ein Muffinblech einfetten oder mit Papierbackförmchen auslegen und die Kürbis-Kokos-Masse esslöffelweise in die Förmchen geben. Im Ofen (Mitte) 20 – 25 Min. backen. Auf einem Kuchengitter 10 Min. abkühlen lassen, aus den Förmchen lösen und erkalten lassen.

TIPP

Für eine glänzende Deko schmelze ich 100 g dunkle Kuvertüre mit 1 EL Öl im Wasserbad, streiche sie auf die Muffins und bestreue sie mit Kokosraspeln.

KÜRBIS-QUARKTASCHEN

250 g Butternusskürbis | 2 EL Butter | 1 EL Zucker | 1 Päckchen Bourbon-Vanillezucker | 1 Packung quadratische TK-Blätterteigplatten (10 Stück, 450 g) | 1 Ei | 150 g Speisequark (20 % Fett) | 30 g Puderzucker | abgeriebene Schale von ½ Bio-Zitrone | 2 TL Speisestärke | 1 Eigelb

Raffiniert | für Gäste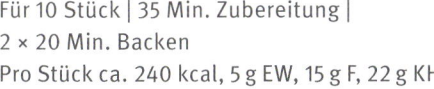

Für 10 Stück | 35 Min. Zubereitung |
2 × 20 Min. Backen
Pro Stück ca. 240 kcal, 5 g EW, 15 g F, 22 g KH

1 Den Kürbis mit einem Esslöffel von Kernen und Fasern befreien und in 1 cm große Würfel schneiden. In einer Pfanne 1 EL Butter zerlassen, Zucker, Vanillezucker und Kürbis dazugeben und unter mehrmaligem Rühren bei mittlerer Hitze 6 – 8 Min. offen dünsten. Kürbis abtropfen lassen.

2 Backofen auf 200° vorheizen. Die Blätterteigplatten nebeneinander auftauen lassen. Für die Quarkcreme die übrige Butter mit dem Ei cremig rühren, dann Quark, Puderzucker, Zitronenschale und Speisestärke dazugeben und glatt rühren. Das Eigelb mit 1 EL kaltem Wasser verrühren.

3 Die Quarkcreme auf die Mitte der Teigquadrate verteilen. Die Kürbiswürfel daraufsetzen und leicht andrücken. Die Teigecken zur Mitte einschlagen und die Teigränder mit dem verquirlten Eigelb bestreichen.

4 Je 5 Quarktaschen auf ein mit Backpapier ausgelegtes Backblech legen. Im Ofen (Mitte) nacheinander in 18 – 20 Min. backen. Auf einem Kuchengitter auskühlen lassen.

KÜRBIS-TOMATEN-QUICHE

Ein cremiger Käse-Kürbis-Belag mit Tomaten und Rosmarin auf knusprigem Mürbeteig –
davon können meine Gäste gar nicht genug bekommen!

Für den Teig:
200 g Mehl
1 Ei (Größe M)
5 EL Milch | Salz
80 g eiskalte Butter
Fett für die Form
ca. 500 g getr. Hülsenfrüchte
zum Blindbacken

Für den Belag:
500 g Muskatkürbis
80 g getr. Tomaten (in Öl)
2 Knoblauchzehen
150 g Crème fraîche
3 EL Milch
3 Eier (Größe M)
150 g geriebener Gruyère
Salz | Pfeffer
frisch geriebene Muskatnuss
1 Prise Zimt
1 EL getrockneter Rosmarin
1 EL Kürbiskerne

Ofenheiß am besten

Für 1 Springform von 28 cm ⌀
(12 Stücke) |
35 Min. Zubereitung |
30 Min. Kühlen |
55 Min. Backen
Pro Stück ca. 430 kcal,
13 g EW, 32 g F, 22 g KH

1 Mehl auf die Arbeitsfläche häufen, in die Mitte eine Mulde drücken. Ei, Milch und ½ TL Salz hineingeben. Die Butter würfeln und auf dem Mehl verteilen. Alles mit einem großen Messer durchhacken, dann rasch zu einem glatten Teig kneten. In Folie gewickelt 30 Min. kalt stellen.

2 Den Backofen auf 200° vorheizen. Den Kürbis schälen, entkernen und grob raspeln. Die Tomaten abtropfen lassen und klein würfeln. Knoblauchzehen schälen und fein hacken.

3 Die Springform fetten. Den Teig ausrollen und mit einem 2 cm hohen Rand in die Form legen. Den Teigboden mehrmals einstechen, mit Backpapier abdecken und die Hülsenfrüchte darauf verteilen. Im Ofen (unten) 20 Min. blind vorbacken.

4 Inzwischen Crème fraîche, Milch, Eier und Käse verrühren. Mit Salz, Pfeffer, Muskat, Zimt und Rosmarin würzen. Die Kürbisraspel mit Tomaten und Knoblauch mischen, auf dem vorgebackenen Boden verteilen und die Eiercreme darübergießen. Den Kuchen im Ofen (unten) weitere 30 – 35 Min. fertig backen. 10 Min. vor Ende der Backzeit die Kürbiskerne aufstreuen.

VARIANTE KÜRBISTARTE MIT ZIEGENKÄSE
Mürbeteig zubereiten und 10 Min. vorbacken. 500 g Hokkaidokürbis in Spalten schneiden. 1 Chilischote entkernen und würfeln. 150 g Crème fraîche, 100 g Sahne und 3 Eier verrühren. 150 g Ziegenfrischkäse zerbröckeln und mit den Chiliwürfeln dazugeben. Salzen und pfeffern. Kürbis auf dem Teig verteilen, Käse-Ei-Masse darübergießen und in 35 – 40 Min. fertig backen.

KÜRBIS-FLAMMKUCHEN

½ Würfel Hefe (ca. 20 g) | 250 g Mehl | 100 ml Buttermilch | 2 EL Olivenöl | Salz | 400 g Hokkaidokürbis | 2 Zwiebeln | 2 Zweige Rosmarin | 200 g Crème fraîche | Pfeffer | 50 g Rucola | 100 g luftgetrockneter Schinken (in Scheiben) | 2 EL Olivenöl | Mehl zum Arbeiten

Herbstglück

Für 4 Personen | 45 Min. Zubereitung |
2 × 15 Min. Backen | 1 Std. Gehen
Pro Portion ca. 665 kcal, 16 g EW, 43 g F, 53 g KH

1 Die Hefe in 4 EL warmem Wasser auflösen. Mit Mehl, Buttermilch, Öl und ½ TL Salz zu einem glatten Teig verkneten. Zur Kugel formen und zugedeckt an einem warmen Ort 1 Std. gehen lassen. Inzwischen den Kürbis waschen, halbieren, entkernen und mit Schale in dünne Streifen hobeln. Die Zwiebeln schälen und in dünne Scheiben schneiden. Von den Rosmarinzweigen die Nadeln abstreifen und grob hacken.

2 Backofen auf 240° vorheizen. Teig auf der bemehlten Fläche mit den Händen durchkneten, in zwei Portionen teilen und jeweils auf 1 Bogen Backpapier dünn und oval ausrollen.

3 Crème fraîche mit Salz und Pfeffer verrühren, auf den Teigfladen verstreichen. Kürbis, Zwiebeln und Rosmarin darauf verteilen, salzen und pfeffern. Nacheinander jeweils einen Teigfladen samt Backpapier auf das Blech ziehen und im heißen Ofen (unten) 10 – 15 Min. backen.

4 Rucola waschen, verlesen und trocken schütteln. Schinken in mundgerechte Stücke zupfen. Beides auf dem Flammkuchen verteilen, mit Olivenöl beträufeln und heiß servieren.

KÜRBIS-KARTOFFEL-BROT

350 g Hokkaidokürbis | 250 g Kartoffeln | Salz |
500 g Weizenmehl (Type 1050) | 1 TL Zucker |
1 Würfel Hefe (ca. 40 g) | 1 Ei (Größe M) |
1½ EL Olivenöl | 1 Zwiebel | 100 g durchwachse-
ner Bauchspeck | Mehl zum Arbeiten | Fett für
die Form | Kürbiskerne zum Bestreuen

Würzig mit Speck

Für 1 Kastenform von 30 cm Länge (16 Schei-
ben) | 45 Min. Zubereitung | 1 Std. Gehen |
50 Min. Backen
Pro Portion ca. 190 kcal, 5 g EW, 8 g F, 24 g KH

1 Den Kürbis entkernen, schälen und würfeln. Die
Kartoffeln schälen und ebenfalls würfeln. Zusammen mit 100 ml Wasser und Salz zugedeckt bei
milder Hitze in ca. 15 Min. weich kochen. Die Kartoffeln und den Kürbis abgießen, fein pürieren und
ausdampfen lassen.

2 In einer Schüssel Mehl, 1 TL Salz und Zucker
mischen. Zerbröckelte Hefe, Ei, 1 EL Olivenöl und
die Kürbis-Kartoffel-Mischung dazugeben. Alles zu
einem glatten Teig verarbeiten. Auf der bemehlten
Fläche durchkneten, dann zugedeckt 30 Min. gehen lassen.

3 Zwiebel schälen, mit dem Speck sehr klein würfeln und im übrigen heißen Öl glasig dünsten.
Speck-Zwiebel-Mischung unter den Teig mischen.

4 Die Form fetten, Teig hineingeben. Mit einem
Messer längs 1 cm tief einschneiden und mit Kürbiskernen bestreuen, nochmals zugedeckt 30 Min.
gehen lassen. Backofen auf 200° vorheizen. Im
Ofen (unten) 45 – 50 Min. backen.

REGISTER

Damit Sie Rezepte mit bestimmten Zutaten noch schneller finden, sind in diesem Register auch beliebte Zutaten wie **Kartoffeln** oder **Tomaten** alphabetisch eingeordnet und hervorgehoben. Darunter finden Sie das Rezept Ihrer Wahl. Vegetarische Rezepte, die im Buch mit einem 🌿 gekennzeichnet sind, sind hier grün abgesetzt.

Projektleitung: Monika Greiner
Lektorat: Margarethe Brunner
Korrektorat: Waltraud Schmidt
Layout, Typographie und Umschlaggestaltung independent Medien-Design, Horst Moser, München
Illustrationen: Julia Hollweck
Satz: Kösel, Krugzell
Herstellung: Sigrid Frank
Reproduktion: Repro Ludwig, Zell am See
Druck und Bindung: Schreckhase, Spangenberg
Syndication: www.jalag-syndication.de

5. Auflage 2015
ISBN 978-3-8338-3430-1
Printed in Germany

www.facebook.com/gu.verlag

GRÄFE UND UNZER

Ein Unternehmen der
GANSKE VERLAGSGRUPPE

Die Autorin

Martina Kittler ist erfahrene und begeisterte Kochbuch-Autorin, die es versteht Genuss und gesunde Ernährung in leckere familien- und alltagstaugliche Rezepte umzusetzen. In diesem Buch ist der Kürbis ihr Star und alle wünschen sich einen Herbst, der niemals aufhört.

Die Fotografin

Anke Schütz fotografiert für namhafte Redaktionen und Buchverlage in den Bereichen Food und Lifestyle. In Zusammenarbeit mit Diane Dittmer (Foodstyling) und Krisztina Zombori (Requisite) stylt sie ihre Bilder mit schlichter, zeitgemäßer Eleganz.

Bildnachweis

Alle Fotos: Anke Schütz, Buxtehude; Autorenfoto: Fotos mit Geschmack, Alling

Titelbildrezept

Gefüllter Hokkaidokürbis (S. 44)

Umwelthinweis:

Dieses Buch ist auf PEFC-zertiziertem Papier aus nachhaltiger Waldwirtschaft gedruckt.

QUALITÄTS
G|U
GARANTIE

Liebe Leserin, lieber Leser,
haben wir Ihre Erwartungen erfüllt? Sind Sie mit diesem Buch zufrieden? Haben Sie weitere Fragen zu diesem Thema? Wir freuen uns auf Ihre Rückmeldung, auf Lob, Kritik und Anregungen, damit wir für Sie immer besser werden können.

GRÄFE UND UNZER Verlag
Leserservice
Postfach 86 03 13
81630 München
E-Mail:
leserservice@graefe-und-unzer.de

Telefon: 00800 / 72 37 33 33*
Telefax: 00800 / 50 12 05 44*
Mo–Do: 8.00–18.00 Uhr
Fr:　　　8.00–16.00 Uhr
(* gebührenfrei in D, A, CH)

Ihr GRÄFE UND UNZER Verlag
Der erste Ratgeberverlag – seit 1722.

Backofenhinweis:
Die Backzeiten können je nach Herd variieren. Die Temperaturangaben in unseren Rezepten beziehen sich auf das Backen im Elektroherd mit Ober- und Unterhitze und können bei Gasherden oder Backen mit Umluft abweichen. Details entnehmen Sie bitte Ihrer Gebrauchsanweisung.

KÜRBIS AUF VORRAT

Ob süß, sauer oder pikant eingelegt – die Riesenbeere bringt ebenso viel Talent
für eine Konfitüren- oder Ketchup-Karriere mit sich wie beim Kochen und Backen.

KÜRBISKONFITÜRE

Für 3 Gläser à 300 ml: 650 g
Kürbisfleisch (z. B. Gelber Zentner) 1 cm groß würfeln. Mit dem
Mark von 2 Vanilleschoten und
350 ml Orangensaft in einem
Topf vermischen, aufkochen und
10 Min. bei mittlerer Hitze kochen. Kürbis mit einem Stabmixer fein pürieren, 4 EL Zitronensaft und 500 g Gelierzucker
2 : 1 untermischen. Alles unter
Rühren bei starker Hitze 3 Min.
sprudelnd kochen. Vom Herd
nehmen, sofort randvoll in vor-
bereitete Gläser mit Twist-Off-
Deckeln füllen und fest verschließen. Die Gläser für ca. 5 Min.
kopfüber auf ein sauberes Kü-
chentuch stellen. **Haltbarkeit:
ca. 3 Monate**. Schmeckt prima
auf Brötchen oder Croissants.

EINGELEGTER ASIA-KÜRBIS

Für 2 Gläser à 600 ml: 650 g
Kürbisfleisch (z. B. Muskatkürbis)
2 cm groß würfeln. 40 g Ingwer
und 4 Knoblauchzehen schälen
und in dünne Scheiben schneiden. 2 rote Chilischoten waschen, grob zerteilen. 2 Stangen
Zitronengras putzen und schräg
in 3 cm lange Stücke schneiden.
Alles mit 80 g Rohrzucker,
150 ml Reisessig, 1 TL Salz und
300 ml Pflaumenwein in einem
Topf aufkochen und 5 Min. garen.
Kürbis samt Saft und Gewürzen
in gut gereinigte Gläser füllen
und verschließen. Haltbarkeit:
4 – 6 Wochen. Asia-Kürbis
schmeckt nicht nur zum Schwei-
nebraten-Aufschnitt, sondern
auch zu Fondue, Ente und gebra-
tenem Rindersteak.

KÜRBIS-TOMATENKETCHUP

Für 2 Flaschen à 500 ml:
600 g Kürbisfleisch (z. B. Butternusskürbis), 700 g Tomaten und
2 rote Zwiebeln würfeln. Mit
1 EL Salz, 2 Gewürznelken, 2 Wa-
cholderbeeren, 1 Lorbeerblatt,
5 EL Honig und 200 ml weißem
Aceto balsamico in einen Topf
geben. Alles einmal aufkochen
und dann bei sanfter bis mittlerer
Hitze offen 30 Min. unter Rühren
einkochen lassen. Die Masse
etwas abgekühlt durch ein Sieb
streichen. Ketchup erneut aufkochen und bei starker Hitze
10 Min. einkochen lassen. Sofort
in saubere Flaschen füllen und
verschließen. **Haltbarkeit: gut
gekühlt 2 – 3 Monate**. Lecker
dazu: Gebackene Kartoffelspal-
ten vom Blech.